Aprende

CopyWriting

En 2 Horas

Manuel Lara Coca

Aprende
CopyWriting
En 2 Horas

PR Ediciones

Copyright © Manuel Lara Coca,2015
Diseño de la portada: PR-Ediciones.
Maquetación: PR-Ediciones.
http://editordelibrospr.es
Madrid (España)
ISBN: 978-1519774200

A mi mujer Pilar, y mis hijos Nacho, José y
Miguel, la fuerza de mi vida.

La palabra es mitad de quien la pronuncia y mitad de quien la escucha.

Michel de Montaigne

En este libro te voy a enseñar a escribir textos irresistibles para tus clientes potenciales.

Descubrirás los verdaderos instintos y deseos de tus futuros clientes, aprenderás a asociar tus productos o servicios a estos instintos, descubrirás palabras que invocan a esos deseos. Todo ello hará de nuestra oferta la más atractiva y convertirán a nuestros textos en irresistibles.

Crearás el avatar de tu cliente ideal, descubrirás la diferencia entre beneficios y características, buscarás tu propuesta única de venta y veremos las principales técnicas persuasivas utilizadas en el marketing.

Conocerás los principios del CopyWrinting y las palabras que debemos usar y las que no y el porqué de esto. También aprenderás a crear titulares irresistibles.

Para terminar, veremos el método AIDA aplicado a nuestros textos, crearemos y analizaremos una carta de prospección, una carta de valor y una carta de venta, aplicando lo ya aprendido, todo paso a paso.

El pain

Debemos conocer el pain, el dolor de nuestro cliente potencial o prospecto para así llamar su atención. Nadie comprar si no tiene una necesidad o dolor, si escribimos sobre lo que le duele, le interesará nuestro texto.

Por ejemplo, cualquier empresario quiere esto

- Aumentar los clientes
- Aumentar la facturación
- Mejorar la imagen de su empresa
- Comprar más barato
- Vender más caro
- Nuevos canales de captación de clientes
- Ganar más dinero

Si orientamos nuestros productos o servicios a estos dolores, habremos obtenido la atención de nuestro prospecto, escribir sobre ellos garantiza que leerán nuestros textos.

Antes de nada pues debemos identificar los dolores de nuestros prospectos para así captar su atención y hacer que lean nuestros textos

❝Pain o Dolor: Necesidad de nuestro prospecto.

❝Prospecto: Cliente potencial de nuestro producto o servicio. La secuencia es la siguiente. Alguien sabe de nuestra existencia, bien porque se lo cuenta un conocido, entra en un nuestra web o ve un anuncio nuestro, eso es un Contacto, el contacto nos visita, nos llama, nos contacta y le sacamos los datos, el email, la dirección, ojo, con su permiso y sin malas artes, ya pasa a ser Prospecto. Si en ese primer contacto cerramos la venta ya es un Cliente, si no, le hacemos un seguimiento con los datos obtenidos o maduración de prospectos, hasta convertirlo en cliente.

Cómo compran nuestros clientes

Imagina que queremos comprar un vehículo de segunda mano, el mismo vendedor pone dos anuncios en dos revistas diferentes con la misma foto. En uno de los anuncios, bajo la foto pone en precio del vehículo y el teléfono de contacto. En el otro anuncio, además del mismo precio que el anuncio anterior y el teléfono de contacto añade un párrafo de unas 10 líneas en el que habla de lo bien conservado que esta la carrocería, la tapicería, el motor…

¿Qué anuncio atraerá más público?, sin ninguna duda el segundo, pues parece que ese coche tiene más cosas que el otro… aun cuando sea el mismo

Debemos aprovechar este efecto cuando describamos nuestro producto o servicio. Cuanta más cosas digamos de él, más valor será percibido por el prospecto.

Captando la atención

Para captar la atención de tu prospecto no incluyas en tus textos:

- Tus productos o servicios
- Características
- Lo que haces y cómo lo haces
- Afirmaciones vacías, como que eres el mejor, el número uno...

Estas cosas no les importan a tus prospectos, lo único que le interesa es el beneficio que les puedes dar y de eso es lo que debes hablar en tus textos.

Debemos convertir las características de nuestro producto o servicio en beneficios.

Una práctica muy recomendable es aplicar la regla de 1x3, buscar tres beneficios por cada característica de nuestro producto o servicio, así aumentaremos el tamaño de las prestaciones y haremos más atractivo nuestro producto como vimos en el apartado anterior

Miro las caracterices de una Tablet y leo

16 GB de Almacenamiento

Eso lo podríamos poner como

- Podrás almacenar muchos juegos en tu dispositivo
- Podrás almacenar prácticamente todas las canciones que quieras

- Podrás llevar tu biblioteca de ebook contigo a todas partes

2 Megas de Memoria Ram

Esto lo pondríamos así:

- Juega tus juegos favoritos de forma fluida, sin pararse
- Navega por tu dispositivo sin ralentizarse
- Encuentra más rápido tus canciones

Cuantificar nuestros beneficios los convierte en irresistibles. Es otro mecanismo psicológico, al ser un número lo podemos medir y comparar. Un beneficio es comprendido mejor por nuestra mente si está cuantificado, si se muestra medido, si me muestra con una cifra.

Así pues, podríamos hacer esto

- Podrás almacenar hasta 50 juegos en tu dispositivo
- Podrás almacenar 1 millón de canciones
- Podrás llevar tu biblioteca completa de ebook contigo a todas partes

Imaginas estos dos casos

- Tablet 10" por 80 euros
- 16 GB de Almacenamiento
- 2 Megas de Memoria Ram

O bien esto

- Tablet 10" por 80 euros
- Podrás almacenar hasta 50 juegos en tu dispositivo
- Podrás almacenar 1 millón de canciones
- Podrás llevar tu biblioteca completa de ebook contigo a todas partes
- Podrás almacenar hasta 50 juegos en tu dispositivo
- Podrás almacenar 1 millón de canciones
- Podrás llevar tu biblioteca completa de ebook contigo a todas partes

Como vimos, el comprador preferirá la segunda opción, pensará que la primera puede ser cara pues por 80 euros ofrece dos prestaciones. En cambio, la segunda opción por 80 euros da 6 prestaciones, eso puede compensar esos 80 euros y si en vez de 6 beneficios ponemos 12 seguro que piensa que es barato.

Debemos convertir las características principales de nuestro producto o servicio en beneficios y estos debemos cuantificarlos.

¿Qué te hace único?

Tienes que buscar algo en tus productos o servicios que no ofrezca la competencia y destacarlo, esa será tu propuesta única de venta, y será tu ventaja estratégica sobre tu competencia.

Si no tienes una Propuesta Única de Venta tienes un problema, así que debes buscarla o crearla ya.

¿Qué es la propuesta única de ventas?, es una palabra o frase que te identificará en la mente de tu cliente y te diferenciará de la competencia.

Veamos algunos ejemplos

BMW, ¿te gusta conducir?
Volvo, Seguridad
Telepizza: El secreto está en la masa
Dominos Pizza. Entrega en 30 minutos

Explota lo evidente de tu producto por ejemplo si es muy caro, aprovecha eso

1880, el turrón más caro del mundo

Vi en Amazon un libro que lo titulan El libro más caro de Amazon y vale 300 euros, creo que en este caso no han vendido ningún libro, pero llamar la atención si lo hace.

Busca tu propuesta única de ventas en

- Un servicio único que solo tú ofreces
- Una garantía que solo tú ofreces, un periodo de prueba, un servicio de atención al cliente
- Nicho de Mercado muy exclusivo o muy espe-

cializado

La propuesta Única de Ventas es Marketing estratégico y debes buscar la tuya ya, es lo que venderás en tus textos junto a los beneficios irresistibles de tus productos y servicios.

La gente compra soluciones no productos, compra soluciones a su pain, Escribir sobre su dolor y darle nuestra medicina es lo que quieren leer.

¿Qué vendes?

Si vendes solo tu producto o servicio tienes un problema, pues siempre aparecerá otro que venda más barato que tú el mismo producto o servicio.

Si vendes estatus, ostentación, bienestar, comodidad, entonces tu producto o servicio ya no tendrá precio.

Hay que dejar de vender productos, hay que vender beneficios. Hay que asociar nuestro producto o servicio con estas sensaciones.

Las necesitas del ser humano

Las necesidades humanas primarias son muy poderosas, trascienden a nuestra especie, las hemos heredado de nuestros ancestros no humanos, ¡Llevamos millones de años con ella! en realidad muchas comunidades de simios pueden tener estas mismas necesidades, los lobos e hienas tienen gran parte de ellas.

Asociar nuestros productos, servicios, ¡incluso nuestras palabras! a ellas garantiza la atención del prospecto

Las necesidades reptilianas

Son las más poderosas y todos los seres vivos las poseen

- Supervivencia, longevidad, disfrute de la existencia
- El Comer y el beber
- Sexo
- Sentirse libre del dolor, miedo, peligro. Seguridad

Las necesidades sociales

Son propias en origen de animales gregarios, primates, lobos, los seres humanos

- Condiciones de vida confortables
- Ser superior, Ganar a los Demás
- Protección de los seres queridos

- Aprobación social, estatus
- Estar informado y Curiosidad
- Higiene corporal

Estos otros son los deseos humanos inducidos por nuestro entorno cultural, no son tan poderosos como los anteriores.

Los deseos humanos

- Economía Ganancia, Gangas, chollos, descuentos, cupones
- Conveniencia, todo lo que nos conviene.
- Eficacia, equivale a rapidez, facilidad para hacer las tareas
- Fiabilidad, todo los que nos asegura algo
- Temas de Belleza, moda, estilo

He tratado de clasificar las necesidades y deseos por orden de importancia, asociar nuestros productos a ellas es fundamental para llamar la atención.

¿Sabías que hay palabras que apelan a estas necesidades?

La palabra Sexo o Gratis nos atraen como un imán porque están ligadas a necesidades, sexo es una necesidad reptiliana, de las más poderosa y gratis apela a conveniencia, ganancia, gangas chollos.

De esto hablaremos más adelante.

Creación de un Avatar

Escribir sobre el pain de nuestro prospecto garantiza que este lea nuestro texto, pero, ¿Quién es nuestro prospecto?

Debemos ver cómo es nuestro cliente ideal, para ello analizaremos los 50 últimos pedidos que tengamos, o si no tenemos pedidos, lo que esperamos que sea y crearnos un perfil de nuestro cliente ideal

Debemos localizar su pain principal y algunos secundarios de los generales que ya hemos mostrado

Para crear un avatar debemos seguir estos pasos

- ¿Qué edad tiene?
- ¿Sexo?
- Le damos un nombre
- ¿Estado civil?, le damos un nombre a su pareja si tiene
- ¿Tiene hijos?, le damos un nombre a los hijos si tiene
- Nivel económico y cultural
- Buscar una foto que encaje en este perfil
- Hablamos de su problema, si ya trato de resolverlo antes, si esta frustrado por ello, ect...

Con todos estos datos creamos una historia junto a la fotografía

Por ejemplo

Alberto, de 35 años, es un funcionario público de Clase Media, que dejó los estudios antes de empezar la universidad. Casado con María, de su misma edad, tiene una hija llamada Marta. Le encantan los programas como la voz y quisiera aprender a cantar, de hecho hace sus pinitos en la ducha. De joven trato de ir a la escuela oficial de canto y no lo admitieron, siempre considero que fue debido a que estaba resfriado ese día.

¿Cuáles son sus dolores?

Si miramos las listas de arriba tenemos en las necesidades el Ser superior y Ganar a los Demás, yo canto, sé que lo hago bien y por eso busco aprender, pero sobre todo, canto mejor que tú, yo puedo y tú no. Soy mejor que el envidioso del vecino de arriba.

También podría encajar Aprobación social y Estatus, gracias a mi canto seré reconocido por mis vecinos

Algún dolor más, muchos…

En los deseos le podríamos aplicar Estar informado pues busca un curso, curiosidad, por el mismo motivo, eficacia, pues a todos nos gustan las cosas rápidas, fiabilidad, si le vendemos un método seguro

Estos serían los dolores de Alberto

- Ser superior y Ganar a los Demás
- Aprobación social y Estatus
- Estar informado y Curiosidad
- Eficacia

- fiabilidad

Y como no, mi producto sería un curso de canto en tres vídeos, uno por semana por 59 euros.

Quizá también podríamos poner Conveniencia y Ganancia, por ese precio

Ahora, cuando escribamos, cogemos el avatar de Alberto, que tenderemos impreso y lo pondremos junto a nosotros, y le escribimos a él, no mencionamos su nombre, pero tampoco lo hacemos cuando hablamos con un amigo

Además, ya sabemos lo que quiere y lo que le duele, no debe ser problema captar su atención.

Técnicas persuasivas

Hemos aprendido sobre qué escribir en nuestros textos, a quien escribirle y como presentar poderosamente nuestros productos y servicios.

Ahora veremos las técnicas persuasivas que utilizo en mis textos que me permiten conversiones de hasta el 10% en mis cartas de venta y una tasa de apertura del 70% en mis emails

Hay muchas técnicas persuasivas, yo suelo utilizar las que detallo a continuación en mis e-mail y cartas de ventas.

Reciprocidad

Es similar a cuando alguien nos presta algo, estamos obligados a hacerle un favor si nos lo pide, debemos trasmitirle al prospecto que le estamos dando algo de mucho valor, así se sentirá obligado con nosotros.

Da información valiosa gratis, así se sentarán obligados con nosotros y no olvides mencionarlo en unas líneas para dejarlo claro.

Espero que esta información que te doy te sea muy útil

Con esto le recordamos que le hemos dado algo valioso para él, de hecho si no lo fuera no habría llegado a leer esa línea.

Si mantienes un hábito durante 21 días ya lo ad-

quieres para siempre.

Espero que esta información que te he dado te sea útil para tus propósitos,

Ya le dimos algo valioso y se lo hemos recordado y ahora esperamos que él haga lo mismo cuando hagamos la llamada a la acción.

Ya sé, no sabes que es la llamada la acción, es lo que queremos que haga nuestro prospecto, que nos llame por teléfono, que pinche un enlace, un botón

Afinidad

Si alguien te da regalos sientes que te aprecia y si alguien que te aprecia te pide algo te sientes obligado a dárselo.

Esta relacionada con la anterior y nos valdría el mismo ejemplo.

Contraste

Muestra un precio caro y luego un precio más bajo, en contraste parecerá barato. Ojo debes explicar el motivo de la bajada de precio para que sea creíble.

Por ejemplo

Nuestro servicio esta valorado en 2000 euros, pero ahora y solo en esta web, lo puedes adquirir por 299 euros

Yo aquí también suelo usar la técnica de reciprocidad y la afinidad de esta forma.

Mi servicio, que incluye
- *estos*
- *esto*
- *esto*

Además de 5 horas de trabajo, pues me costar revisar los más mínimos detalles pues me preocupo por tu bien.

Mi servicio está valorado en 2000 euros, pero ahora y solo en esta web, lo puedes adquirir por 299 euros

Asociación

Asociar las cosas y las ideas con la gente que la usa, si lo usa un personaje famoso, será bueno. Si lo usan mucha gente, no puede ser malo

Consistencia

Tendemos de forma natural a responder preguntas, es inevitable

Si realizamos preguntas del tipo sí o no rápidamente y sin quererlo las responderemos. Si la respuesta es sí, que es lo que pretendemos, conectaremos con el prospecto y leerá nuestro texto de forma positiva.

Realiza preguntas 3 o 4 preguntas en el que el prospecto diga sí mentalmente, no las hagas seguidas. El proyecto permanecerá en el si cuando le hagamos la pregunta final.

¿Quieres adelgazar?
¿Quieres Adelgazar sin dietas?
¿Quieres adelgaza sin ejercicio?
¿Quieres comer de todo?

¿Quieres comprar mi método de adelgazar?

Mucho cuidado con esta técnica, haz solo preguntas solo del tipo sí / no y debemos conocer muy bien a nuestro avatar para que diga sí, ¿Imaginas que dice no?

Para evitarlo da la respuesta en la propia pregunta si crees que puede decir no.

¿Quieres adelgaza sin ejercicio?, naturalmente

La escasez

Trata de forzar el cierre poniendo una fecha límite, un número limitado de unidades, cualquier limite a nuestras ofertas

Solo para los 100 primeros
Válido por 30 días
Oferta solo en la web
Solo por hay
Solo 10 unidades

Autoridad

Esta principio se resumen "Lo hago porque el doctor lo dijo"

Debemos mostrarnos como una autoridad en nuestro sector, debemos demostrar a nuestro prospecto conocimiento de nuestro nicho de mercado y conocimiento de su dolor. Podemos usar estadísticas, citas a personajes destacados y mostrad titulación académica para postularnos como autoridad

Chantaje/coacción/miedo

Vende miedo

Si no lo compras, te arrepentirás siempre

Usar el miedo, es el incentivo más poderoso.

Podemos usarlo en la fase de interés, la veremos luego, consiste básicamente en empeorar el dolor, en pintarlo todo muy negro antes de dar nuestra solución.

La sorpresa

Lo que no se espera es agradable, convence, usa los bonos y pon siempre el valor del mismo.

Además y solo por hoy

Bonus 1

Vídeo de 45 minutos valorado en 250 euros

Suma esto, 2000 precio del producto + 250 euros precio bonus son 2250 euros, pero solo por hoy no

tendrás que pagar eso, hoy y solo en la web lo tienes
por 250 euros

El elogio

Todos somos vulnerables a los elogios. Todos nos consideramos especiales, nos sentimos diferentes a los demás, si alguien nos lo reconoce, sentimos afinidad por él, en otras palabras, hay que hacer un poco la pelota al prospecto

Sé que eres una persona inteligente que sabe distinguir una buena oportunidad como esta.

Prueba social

Tanta gente debe tener razón, incluye testimonios, medios de comunicación que hablen de ti, páginas web en las que apareces.

Haz Imaginar

Hacer que nuestro prospecto se imagine nuestros beneficios es como si probara nuestro producto o servicio, es como si ya nos hubiera comprado y estuviera disfrutando de los beneficios que le ofrecemos.

Imagina que tienes el cuerpo que siempre deseaste
y te cruzas con la vecina por la escalera
Imagina que consigues tantos clientes de tu página web que...

Simplicidad

Si te expresas de forma simple, se te entenderá mejor e influirás más. Evita las frases largas y los párrafos grandes. Ve siempre al grano

Cuenta historias

A todos nos gustaban los cuentos, con las historias es más fácil recordar nuestro mensaje y son muy efectivas, pues parece como que no estamos tratando de influir ni vender

El efecto Zeigarnick

Es como las series que te dejan el fin del capítulo para la semana que viene para generar expectativa, o te plantean una pregunta y te dicen que la vemos después de la publicidad

Se puede usar al principio de la carta o e-mail para generar expectativa luego se cuenta una historia y luego se cumple la expectativa o al final para generar deseo de un nuevo contacto.

Hoy os voy a contar el secreto de mi éxito, pero antes te comento lo que le pasó a Pablo cuando....
Y ahora te comento el gran secreto

PD En el próximo email te voy a comentar un secreto que sí o sí evitará que pierdas mucho dinero

Conclusión

Dar información de valor en todos nuestros textos es la mejor estrategia que puedes seguir. Usamos directamente la técnica de reciprocidad y afinidad, pero además nos posicionamos como Autoridad

Si además contamos una historia para persuadir como el que no quiere la cosa y metemos miedo... Los resultados se multiplican.

Palabras que llaman poderosamente la atención

Hay una serie de palabras que nos llaman la atención, así lo revelan diferentes estudios y son utilizadas en publicidad.

Por lo tanto debemos conocerlas y debemos tratar de usarlas en nuestros textos

Vamos a ir combinando estas palabras con lo ya visto para empezar a escribir textos persuasivos

Estas palabras estan ligadas a las necesidades y a los deseos humanos vistos anteriormente.

- <u>Miedo</u>: última oportunidad, te arrepentirás,cuidado, atención
- <u>Estar informado y curiosidad:</u> Nuevo, descubre, presentamos, anunciamos, cómo, por qué,
- <u>Eficiencia</u>: rápido, fácil, ahora, recién llegado, por fin, método, hoy, ahora mismo, inmediatamente, método
- <u>Fiabilidad</u>: probado, garantizado
- <u>Dinero</u>: oferta, ahorra, GRATIS

La palabra gratis es muy poderosa, invoca a varios deseos humanos, conveniencia, economía y Ganancia, gangas, chollos, descuentos, cupones. Cuando ves algo gratis, lo coges, es gratis, psicológicamente Aceptas y te pones positivo por el regalo

He leído por ahí a algunos marketer defender que GRATIS ya no atrae porque se abusó de ella, GRATIS llama nuestra atención, se nos van los ojos tras ella, de hecho, los script de los email la buscan, FREE,GRATIS, es una de las palabras que pueden mandar nuestro email SPAM, si abusamos de ella, yo en email no la uso, pero si en mis páginas de captura. Si plantas un GRATIS, con buen IMÁN, se pueden conseguir muchos prospectos.

Hay muchas más palabras que conectan con nuestras necesidades y deseos. En internet hay listas de todos los tamaños, pon "palabras que venden" y ya verás.

Veamos unos ejemplos usando las palabras vistas

Descubre el método con el que perderás 4 kilos en 30 días

Descubre, equivale a aprende, no uses aprende pues aprender implica esfuerzo, descubrir en cambio no. Descubrir es algo fácil, algo que nos encontramos

Método o sistemas, implica una serie de pasos que si los seguimos correctamente nos llevan a un fin, el uso de método o sistema resuelve la objeción, esto no es para mí, o esto no vale conmigo

Perderás 4 kilos, el beneficio y cuantificado, para que sea más efectivo

En 30 días: eficiencia de los deseos humanos, rapidez

Podemos mejorar aún mas asociado esto a una necesidad o deseo por añadiendo "*para que*"

Descubre el método con el que perderás 4 kilos en 30 días para que mejore tu salud

Con este *para que* conectamos directamente nuestro beneficio con una necesidad básica, Condiciones de vida confortables, la salud

Descubre el <u>nuevo</u> método con el que perderás 4 kilos en 30 días para que mejore tu salud

Con la palabra nuevo llamamos más la atención a nuestra frase, toda novedad apela a nuestra curiosidad, uno de los instintos humanos.

Presentamos 4 nuevos trucos para <u>ahorrar un 25%</u> en tus compras navideñas

Presentamos, como nuevos, apela directamente a la curiosidad
4, un número bajo, apela a eficiencia
Ahorra un 25%, apela a nuestro deseo por Gangas, chollos, descuentos, cupones.
Nosotros mismo podemos examinar cualquier palabra y ver si conecta con una necesidad o un deseo humano

El pero

El pero hace olvidar momentáneamente lo anterior a este.

Ya sé que piensas que es muy caro este producto, <u>pero</u> piensa que estamos hablando de tus sueños ¿Cuánto valen tus sueños?

Ojo, no uses <u>el pero</u> detrás de algo positivo, úsalo solo si la frase anterior es negativa

<u>Quieres comprar mi producto pero no olvides que tienes tres bonus</u>

Ya lo tienes y con el pero desvías el foco, es un grave error

Palabras que debes evitar

Los adjetivos

Debemos evitar los adjetivos, los lectores no se creen expresiones del tipo el mejor coche

Los adjetivos aportan valor al nombre, en otras palabras, lo sobrecargan y pueden atentar pues a la técnica persuasiva de Simplicidad.

Mejor, favorito, máximo, más son expresiones que debemos evitar

Cuando tengas la necesidad de usar alguna de estas expresiones, pregúntate por qué haces esa afirmación y pon en su lugar eso

Tenemos la pizza más rica de la ciudad

Por qué

Los usuarios prefieren nuestras pizzas según una reciente encuesta

Tenemos el servicio más rápido de la ciudad

Por qué

Tú pedido en 30 minutos en tu domicilio

Si nuestra propuesta es esta

Tenemos la pizza más rica de la ciudad

Tenemos el servicio más rápido de la ciudad

No te creerá nadie pues todos dicen lo mismo, en cambio, si dices

Los usuarios prefieren nuestras pizzas según una reciente encuesta (puedes omitir que el muestreo fue tu madre y tu hermano)
Tú pedido en 30 minutos en tu domicilio

Serás más creíble pues aportas información medible y comprobable, tenemos que decir exactamente por qué somos mejores.

Frases redundantes

Estas son mis favoritas, es una pequeña maldad, me imagino a un gañan rebuscando en su ingenio para soltar algo como

Servicio de calidad

¡no me fastidies, es que alguien ofrece algo que no lo sea!

Servicio integral, Servicio 360

Estas es la pera, *servicio inmejorable, o inmejorable atención al cliente*

Profesional, innovador, novedoso, revolucionario, pionero son términos tan usados que ya son contraproducentes

Palabras ambiguas

Son palabras que pueden ser interpretadas de forma diferente a lo que queremos,

Efectivo, bueno y éxito

¿Tienes un buen trabajo?, qué quiero trasmitir, que trabajo 12 horas pero me gusta, o que trabajo una hora y cobro mucho, tenemos que ser precisos en nuestro mensaje y no dar lugar a ambigüedades

Tal vez, a lo mejor, creo que muestran desconocimiento, falta de autoridad, justo lo que no queremos que piensen de nosotros nuestros prospectos

La palabra *cosa*, súper ambigua, cámbiala por *razones, estrategias, consejos* ,etc...

3 cosas que debes saber

Qué es cosa, una razón, una mentira, un cocodrilo

3 razones que debes conocer

Muy, no comunica nada imprescindible

Estoy muy cansado
Estoy cansadísimo
Estoy cansado

Las tres dicen lo mismo, la tercera es más simple y comprensible, eliminemos el muy.

En este último caso vimos un superlativo, cansadísimo, la gente ya no se los cree, mejor no usarlos.

Los 5 principios de Copywriting

Debemos usar frases simples, frases cortas e ir directamente al grano, agrupadas en párrafos cortos de tres o cuatro líneas, cinco como mucho. Debes huir de los adjetivos y los adverbios salvo que sean estrictamente necesarios, debemos escribir como si habláramos a un amigo, para así generar confianza.

Usa el tú mejor que el usted siempre que puedas. Un prospecto me recriminó que le tratara de tú en un email y sé que un porcentaje mínimo se puede sentir ofendido, pero piensa en los beneficios de esta práctica, estaremos ganando confianza.

Yo suelo dejar una separación entre párrafos de uno o dos espacios en blanco y suelo usar un ancho de línea de unos 50 caracteres, así casi se pueden leer una línea de un vistazo y resulta atractivo para su lectura.

Estos son los cinco principios que debes memorizar ya.

- Un buen título es fundamental,
- Usa frases cortas directas al grano
- Usa párrafos cortos, 5 líneas máximo
- Usa lo menos posible adjetivos y adverbios
- Escribe en tono coloquial, como si hablaras a un amigo

Además, usaremos los tics aprendidos y las palabras que conectan con necesidades y deseos.

Veamos un ejemplo, tenemos este texto

El otro día me encontré con Juan, hacía mucho tiempo que no lo veía y había engordado mucho, pesa 120 kg. Me confesó que le daba vergüenza mirarse al espejo, por eso no lo hacía y que no tenía fuerza de voluntad para seguir una dieta que le mandaba el médico

Vamos a trabajarlo un poco

Mi amigo Juan pesa 120 kg. Le da vergüenza mirarse al espejo y no tiene voluntad para seguir la dieta del médico.

Como ves, hemos ido al grano con las tres ideas del primer texto, hemos articulado frases cortas, simples, en un párrafo de tres líneas con un ancho de 50 caracteres como máximo

Si tienes unos segundos para retener a tu prospecto y quieres que se identifique con Juan, el segundo párrafo es mejor que el primero

¿Quieres perder peso?

Mi amigo Juan pesa 120 kg . Le da vergüenza mirarse al espejo y no tiene voluntad para seguir la dieta del médico.

Ahora le plantamos una pregunta antes del párrafo, es una pregunta tonta, pero va directa a su dolor y sabemos que dirá que Sí, que es lo que pretendemos.

Con esto hemos empezado a aplicar la técnica persuasiva de la Consistencia, además con la pregunta llamamos la atención del lector

En estas cuatro líneas, tenemos el primer Sí, además de conseguir que nuestro prospecto se identifique con Juan. Fíjate que lo estamos contando como una historia, otra técnica persuasiva

*¿Quieres vender hasta un 10% más
con el mismo tráfico?*

*Pedro recibe 20 visitas diarias en su web,
no tiene presupuesto para comprar tráfico,
ni tiempo para el SEO.*

En estos párrafos seguimos con el mismo esquema.

Continuamos aplicando técnicas, apelamos ahora al elogio, otra técnica persuasiva.

*Eres inteligente pues te diste cuenta
de tu problema y le estas buscando
solución, no todo el mundo hace lo
que tú.*

Vemos el texto completo

*Eres inteligente pues te diste cuenta
de tu problema y le estas buscando
solución, no todo el mundo hace lo
que tú.*

¿Quieres perder peso?

*Mi amigo Juan pesa 120 kg . Le da
vergüenza mirarse al espejo y no tiene
voluntad para seguir la dieta del médico.*

Como ves, lo elogiamos, le decimos que es único,
piensa que todo el mundo cree eso, tú lo crees y yo
también y que te lo digan te sienta bien. Luego va la
pregunta que el responderá automáticamente que sí, y
después la historia de Juan con él que se identificará

El Método AIDA

Es la forma en la que articularemos nuestros textos con todo lo que hemos visto hasta ahora, AIDA corresponde a las iniciales de:

ATENCIÓN
INTERÉS
DESEO
ACCIÓN

Nuestros textos deben estar articulados en estos cuatro cuerpos,

Como curiosidad, este método se usa desde los años 20 del pasado siglo y se aplica no solo a la venta, sino a la publicidad.

La atención

Esta parte es fundamental, debemos llamarla al empezar nuestro texto, piensa que nuestro prospecto le dedicará 8 segundos a nuestro texto, si en 8 segundos no le atraemos, cerrará el email, saldrá de la página, se olvidará de nosotros.

La mejor manera de llamar la atención es un buen titular.

Veamos como hago titulares para mis textos.

Los titulares

El objetivo es captar la atención del lector y retenerle en nuestro texto, es lo primero que verá y en apenas unos segundos decidirá si debe seguir leyendo o dedicarse a otra cosa.

Recalco esto pues de verás es muy importante, un mal titular hará que dejen de leer ¡YA! tu texto.

Debemos centra nuestro titular en un beneficio concreto para nuestro avatar, debemos apelar al interés del lector

Razones que llaman mucho la atención son el dinero, tanto ganarlo como perderlo y el tiempo, conseguir el beneficio en poco tiempo. Usar estos dos razones harán nuestros titulares muy atractivos .

Pierde 4 kilos en 15 días por menos de 60 euros

En este caso le damos un beneficio cuantificado, perder 4 kilos

Le decimos que es rápido, en 15 días, eficiencia

Y le damos un precio asequible, menos de 60 euros, apelamos al dinero

Un titular debe estar dividido en tres cuerpos

Pretitular

Sirve para sementar nuestra audiencia. Calidad frente a cantidad. Nuestro texto se escribe para un público concreto, los demás no nos interesan

Si estas cansado de probar métodos para adelgazar esto te interesa

Si eres un empresario que quiere ahorrar en sus compras...

Si quieres ahorrar en tu factura de la luz

Si tienes problemas de hemorroides

Titular

Después va el titular en sí, este debe dar un mensaje completo centrado en un beneficio para nuestro avatar.

Veamos estos titulares

Adelgaza sin esfuerzo y sin pasar hambre

Pierde 4 kilos en 15 días por menos de 60 euros

El segundo titular es mejor pues trasmite más cosas, beneficio cuantificado, rapidez y el precio.

El lector de un vistazo sabrá lo que hay y lo que vale, si le interesa leerá más

Vamos a mejorar nuestro titular poniéndole palabras que conectan con las necesidades y deseos como vimos en capítulos anteriores.

Nuevo método para perder 4 kilos en 15 días por menos de 60 euros sin pasar hambre

Nuevo apela a la curiosidad y método a la eficacia, un método como vimos es muy poderoso pues garantiza resultados a cualquiera con solo seguir unos pasos
Le podemos poner fácil

Nuevo método para perder fácil 4 kilos en 15 días por menos de 60 euros sin pasar hambre

Veamos como vamos con los dos elementos vistos hasta ahora

Si estás cansado de probar métodos para adelgazar esto te interesa

Nuevo método para perder fácil 4 kilos en 15 días por menos de 60 euros sin pasar hambre.

Piensa que son titulares, por definición su tamaño es mayor que el texto normal.
El titular además debe ser mayor que el pretitular y el postitular

Postitular

Tras el titular va el postitular y su misión es dar

paso al texto, por cierto todo texto se denomina copy, el post titular da paso al copy pues

Podemos usar el humor, intriga, misterio, prometiendo una recompensa, noticias o información útil para el prospecto.

Hay quien recomienda poner en el postitular el método para conseguir el beneficio prometido en el titular.

Si es más fácil saltarte que rodearte esta es la solución

Veamos nuestro titular completo

Si estás cansado de probar métodos para adelgazar esto te interesa

Nuevo método para perder fácil 4 kilos en 15 días por menos de 60 euros sin pasar hambre.

Si es más fácil saltarte que rodearte esta es la solución

Tipos de titulares que suelo utilizar

Titulares tipo "Noticias"

Nuestro titular, por ejemplo

Nuevo método para perder fácil 4 kilos en 15 días por menos de 60 euros sin pasar hambre.

Titulares típo "Cómo.."

"Como perder 4 kilos en 15 días por menos de 60 euros sin pasar hambre

Titulares tipo "Pregunta"

¿Quieres perder 4 kg en 15 días?

Titulares tipo "Mandato u orden"

Pierde 4 kilos en 15 días por 60 euros

Titulares tipo "Por qué"

7 razones por las que no consigues bajar de peso y cómo superarlas
3 factores que perjudican tu salud y cómo solucionarla
8 tics, 5 trucos, 8 maneras, 2 pasos, ect….

Estos titulares son muy buenos para hacer lead magnet, páginas de captura de email

Técnica para crear titules

Para hacer un buen titular tenemos que tener muy claro cual es nuestro cliente, cuales son los dolores de este. Por eso es tan importante haber realizado un buen estudio de él y tener un buen avatar

Qué es importante para él: rápido, barato, distinción, diferenciarse, destacar, dinero, ahorrar

Por qué quiere comprar el producto, por distinción, fama, sueño, ahorro

Debemos conocer muy bien los deseos y motivaciones de nuestro avatar y apuntar a ellas en nuestro titular

Llamar la atención desde el Copy

Podemos llamar la atención directamente con nuestro copy, sin poner un titular, como en una carta comercial por ejemplo

Estimado señor:

He conseguido que más de 200 personas pierdan 25 kilos de peso en tan solo 6 meses con mi método ¿Quieres saber cómo?

Como vemos, en este ejemplo utilizamos lo ya visto, sería como hacer un titular del tipo informativo, nos centramos en el beneficio. Además, el beneficio está cuantificado. También apelamos a la eficacia, solo 6 meses, poco tiempo para tanto peso. Hablamos de método, todo el mundo lo puede hacer siguiendo unos pasos y hacemos una pregunta que sabemos responderá sí, técnica persuasiva de la persistencia. También empezamos a asentar el principio de autoridad, yo sé se lo que hablo, más de 200 personas me avalan y de Asociación, más de 200 personas no pueden estar equivocadas

Evidentemente podemos combinar un titular y una introducción de este tipo para llamar más aún la atención.

Si estás cansado de probar métodos para adelgazar esto te interesa

Nuevo método para perder fácil 4 kilos en 15 días por menos de 60 euros sin pasar hambre.

Si es más fácil saltarte que rodearte esta es la solución

He conseguido que más de 200 personas pierdan 25 kilos de peso en tan solo 6 meses con mi método ¿Quieres saber cómo?

Interés

Con el titular conseguimos la atención de nuestro prospecto y que no abandone nuestro texto, ahora debemos mantener el interés para que no deje de leer nuestro texto e ir preparando al prospecto para que actúe como queremos

En tus textos y en todas las fases, ve directo al grano, debes plasmar ideas claras y frases cortas, una idea, una oración. Deben abundar los puntos y seguidos y por supuesto, no debes usar ni adjetivos ni adverbios. Esto ya lo hemos visto antes pero es muy importante, por eso lo repito.

Debemos trasladar al lector que conocemos su problema y lo escribimos para que se siga identificando

Has probado muchos trucos para adelgazar y no te ha dado resultado
Has perdido clientes porque tu competencia es más barata

En este apartado suele ser muy eficaz recurrir al miedo, exagerar el problema, esa técnica hace que conviertan un 60 % más

Convertir: que el prospecto realice la acción que proponemos, por ejemplo, pinchar un enlace, mandarnos un Mail o llamarnos por teléfono.

Cansado de ser el gordo del bloque, el gordo del trabajo
Cansado de que las chicas te miren con desagrado
Cansado de que te digan que eres muy buena per-

sona

Llevas años siendo el más gordo de donde vas y todos te señalan

Has probado muchos trucos para adelgazar y no te ha dado resultado

Ya piensas que no tienes solución y no hay remedio, si estas pensando seriamente en usar la cirugía para resolver tu problema

Usar en este apartado bullet, viñetas o + llama mucho la atención

- *Cansado de ser el gordo del bloque, el gordo del trabajo.*
- *Cansado de que las chicas te miren con desagrado*
- *Cansado de que te digan que eres muy buena persona*
- *Llevas años siendo el más gordo de donde vas y todos te señalan*

Has probado muchos trucos para adelgazar y no te ha dado resultado

Ya piensas que no tienes solución y no hay remedio, estas pensando seriamente en usar la cirugía para resolver tu problema.

Ahora le metemos una frase de esperanza y de preparación para nuestra solución a su dolor

Entonces te puede ser interesante dedicar un minuto para conocer cómo te podemos ayudar

Un minuto, evoca al deseo de eficacia, rapidez

Te podemos ayudar: mira esta expresión, tras pintarselo todo muy negro nos ofrecemos a ayudarle, principio de autoridad, yo conozco tu problema, yo sé cómo resolverlo, soy un experto que te ayuda. ¡Ya ayudé a 200 personas! Lo recuerdas. Además y más importante, ayudar implica que es gratis, y gratis siempre es un sí, algo positivo, aunque lo no sea, usa ayudar, evoca conveniencia

Deseo

Ya hemos descrito su problema, le hemos metido miedo, se siente identificado y sabe que le comprendemos, si no ya habría dejado de leer el texto.

Hacer imaginar los beneficios de nuestro producto como vimos es una técnica persuasiva muy poderosa, podríamos escribir algo así

Imaginas que estás como siempre soñaste, te ve esa chica que tanto te gusta y que dice que eres muy buena persona... Podría ser tu novia

Aquí además de a la imaginación apelamos al sexo, una de los instintos más poderosos, ya hemos despertado el deseo.

Con mi método conseguirás perder 25 kg en 6 meses para que luzcas como siempre deseaste.

Ahora le damos los beneficios cuantificados y se los asociamos a un instinto o un deseo por medio del para que, "luzcas como siempre deseaste", con ello se invoca a la aceptación social y a conseguir compañía sexual. incluso lo podríamos poner directamente.

Con mi método conseguirás perder 25 kg en 6 meses para que nadie más te señale y puedas conseguir pareja.

La longitud de texto depende del producto o servicio que ofrezcas o del fin del texto, si vendes un ebook de 2 euros, un texto corto va bien, si es un producto de 60 euros, tendrás que aportar más beneficios y pruebas sociales y si es de 300 euros imagina.

Podemos incluir ahora pruebas sociales: testimonios de clientes, títulos que nos habilitan, estadísticas, medios de comunicación que nos mencionan.

¿No te lo crees?, ¿Piensas que no funcionará contigo?

Esto es lo que opina Benito de Madrid

Yo me consideraba un caso perdido, pensé que moriría gordo y gracias a este método perdí 25 kilogramos y conocí a mi mujer

Que todo lo que escribas sea cierto, no inventes testimonios que es un delito

Ahora es cuando mostramos nuestro precio, si procede

Seguro piensas que este método es caro, pues sí, les una inversión alta, esta valorado en 1000 euros, pero como quiero ayudarte y solo por hoy lo puedes adquirir por 99 euros

Aplicamos el principio de contraste, le damos un precio caro y luego nuestro precio, además así le damos más valor a nuestro producto.

Fíjate que usamos inversión en vez de compra, una inversión implica el retorno de un beneficio.

Usamos de nuevo ayudarte, y la técnica de la escasez de tiempo, solo por hoy.

Veamos ahora como va nuestra carta

Si estás cansado de probar métodos para adelgazar esto te interesa

Nuevo método para perder fácil 4 kilos en 15 días por menos de 60 euros sin pasar hambre.

Si es más fácil saltarte que rodearte esta es la solución

He conseguido que más de 200 personas pierdan 25 kilos de peso en tan solo 6 meses con mi método ¿Quieres saber cómo?

Cansado de ser el gordo del bloque, el gordo del trabajo.

Cansado de que las chicas te miren con desagrado

Cansado de que te digan que eres muy buena persona

Llevas años siendo el más gordo de donde vas y todos te señalan

Has probado muchos trucos para adelgazar y no te ha dado resultado

Ya piensas que no tienes solución y no hay remedio, estás pensando seriamente en usar la cirugía para resolver tu problema.

Entonces te puede ser interesante dedicar un mi-

nuto para saber cómo te podemos ayudar

Imaginas que estás como siempre soñaste, te ve esa chica que tanto de gusta y que dice que eres muy buena persona... Podría ser tu novia

Con mi método conseguirás perder 25 kg en 6 meses para que nadie más te señale y puedas conseguir pareja.

¿No te lo crees?, ¿Piensas que no funcionará contigo?

Esto es lo que opina Benito de Madrid

Yo me consideraba un caso perdido, pensé que moriría gordo y gracias a este método perdí 25 kilogramos y conocí a mi mujer.

Seguro piensas que este método es caro, pues sí, les una inversión alta, está valorado en 1000 euros, pero como quiero ayudarte y solo por hoy lo puedes adquirir por 99 euros

Acción

Llega el momento decisivo, todo tu texto es para que tu prospecto haga lo que le vamos a pedir y se lo pedimos ahora, es el momento de la verdad.

Con cita de 25 minutos, le explicaremos como be-
neficiarse de todo lo expuesto arriba, si lo desea, pue-
de contactar en ....

Cita de 25 minutos, poco tiempo, eficacia
Beneficiarse, conveniencia
Ahora es el momento de aprovechar esta oportuni-
dad, pincha este enlace
Ahora, eficacia
Oportunidad, conveniencia

Aprovecha esta ocasión, solo por hoy al 50%, pin-
cha el enlace ya
Ocasión, conveniencia

Solo por hoy. Escasez de tiempo
50%, ganga, chollo, conveniencia

Seguro que está muy ocupado por lo que si le parece correcto le llamaré el próximo jueves
Fijamos una llamada telefónica sin preguntárselo

Para terminar una frase en la que damos por hecho
que el prospecto va a realizar lo que queremos, princ-
cipio de autoridad, somos unos espartos que le ayu-
damos

Espero tener la oportunidad de hablar con usted
Nos vemos en persona
Nos vemos en la zona de miembros

Hablamos por email

Y la despedida
Le deseo todo el éxito empresarial del mundo
Gracias por su tiempo

o solo

Gracias por tu tiempo

Veamos ahora nuestra carta completa

Si estás cansado de probar métodos para adelgazar esto te interesa

Nuevo método para perder fácil 4 kilos en 15 días por menos de 60 euros sin pasar hambre.

Si es más fácil saltarte que rodearte esta es la solución

He conseguido que más de 200 personas pierdan 25 kilos de peso en tan solo 6 meses con mi método ¿Quieres saber cómo?

Cansado de ser el gordo del bloque, el gordo del trabajo.

Cansado de que las chicas te miren con desagrado

Cansado de que te digan que eres muy buena persona

Llevas años siendo el más gordo de donde vas y todos te señalan

Has probado muchos trucos para adelgazar y no te han dado resultado

Ya piensas que no tienes solución y no hay remedio, estás pensando seriamente en usar la cirugía para resolver tu problema.

Entonces te puede ser interesante dedicar un minuto para saber cómo te podemos ayudar

Imaginas que estás como siempre soñaste, te ve esa chica que tanto te gusta y que dice que eres muy buena persona... Podría ser tu novia.

Con mi método conseguirás perder 25 kg en 6 meses para que nadie más te señale y puedas conseguir pareja.

¿No te lo crees?, ¿Piensas que no funcionará contigo?

Esto es lo que opina Benito de Madrid

Yo me consideraba un caso perdido, pensé que moriría gordo y gracias a este método perdí 25 kilogramos y conocí a mi mujer

Seguro piensas que este método es caro, pues sí, les una inversión alta, está valorado en 1000 euros, pero como quiero ayudarte y solo por hoy lo puedes adquirir por 99 euros

Aprovecha esta ocasión, solo por hoy por 99 euros, pincha el enlace ya

Nos vemos en la zona de miembros

Gracias por tu tiempo

Como has podido ver, hemos elaborado una carta con el método AIDA, con técnicas persuasivas y orientada a necesidades y deseos del ser humano.

E-mail de prospección

Los emails de prospección son el equivalente a la puerta fría en la venta tradicional. Nos dirigimos a un desconocido para ofrecerle nuestros servicios, pero ese desconocido no nos ha buscado y cree tener cubiertas sus necesidades.

En internet lo ideal es que el prospecto te encuentre a ti, para ello podemos hacer campañas con lead magnet en los sitios dónde se mueven nuestros clientes potenciales, principalmente por Facebook y Google

> *Lead Magnet. Imán de prospectos, páginas diseñadas para captar el e-mail de los visitantes a cambio de un presunto regalo.*

Hay quien compra bases de datos o coge las páginas amarillas y entra a saco.

Yo nunca compraría una base de datos y sobre las páginas amarillas no se me ocurriría meterla en mi base de datos sin el permiso del prospecto. Pero si tuviera que lidiar con ambos casos enviaría un correo de prospección, ojo solo uno. Los que respondan a mi correo ya serían prospectos válidos

El correo sería así

Estimado señor:

He ayudado a más de 500 empresarios a ahorrar un 50% en sus gastos de papelería ¿Quiere saber cómo lo hemos logrado?

Las cartas, sobres y tarjetas se han convertido en un gasto fijo mensual más, y hay meses que se puede duplicar este gasto.

Entonces te puede ser interesante dedicar un minuto para saber cómo podemos ayudarle.

Con nuestros servicios de impresión digital puede ahorrar hasta 50% sobre su actual factura de papelería porque se puede imprimir desde un solo sobre.

¡Se acabaron las tirada largas!

¿Quiere ahorrar Ahora?

Si tiene cinco minutos, pinche este enlace y descubra ahora como podemos ayudarle

Enlace

Nos vemos en el enlace

Gracias por su tiempo

Este email sigue el método AIDA y utiliza los conceptos que hemos visto en el libro ¿serías capaz de distinguirlos?, piénsalo y lo vemos ahora

En este ejemplo quizá la llamada a la acción más apropiada hubiera sido un contacto telefónico

Si tiene cinco minutos el próximo miércoles le puedo llamar y vemos cómo podemos ayudarle

Hablamos el próximo miércoles

Esta versión sería así

Estimado señor:

He ayudado a más de 500 empresarios a ahorrar un 50% en sus gastos de papelería ¿Quiere saber cómo lo hemos logrado?

Las cartas, sobres y tarjetas se han convertido en un gasto fijo mensual más, y hay meses que se puede duplicar este gasto.

Entonces te puede ser interesante dedicar un minuto para saber cómo podemos ayudarle.

Con nuestros servicios de impresión digital puede ahorrar hasta 50% sobre su actual factura de papelería porque se puede imprimir desde un solo sobre

¡Se acabaron las tiradas largas!

¿Quiere ahorrar Ahora?

*Si tiene cinco minutos el próximo miércoles le pue-
do llamar y vemos como podemos ayudarle*

Hablamos el próximo miércoles

Gracias por su tiempo

Vamos a analizar este último texto

Atención

Estimado señor:

*He ayudado a más de 500 empresarios a ahorrar
un 50% en sus gastos de papelería ¿Quiere saber
cómo lo hemos logrado?*

Con esto empezamos a posicionarnos como autoridad y aplicamos el principio de asociación, además
vamos directos a su dolor, ahorro, conveniencia, economía, además el beneficio está cuantificado y para
terminar le metemos una pregunta que sabemos dirá
que sí, empezamos a aplicar el principio de consistencia.

Fíjate que hemos usado *ayudado y ahorrar*, y bueno metimos un *más*, pero en este caso es necesario.

Con este párrafo también segmentamos a nuestro
público, *empresarios,* si por casualidad cae en otras
manos no seguirá leyendo, este texto no es para él y a
nosotros no nos interesa otra cosa

Si no sigues esta explicación ruego vuelvas atrás
donde se habla con más detalle de todo esto.

Interés

Las cartas, sobres y tarjetas se han convertido en un gasto fijo mensual, y hay meses que se puede duplicar este gasto.

Entonces te puede ser interesante dedicar un minuto para saber cómo podemos ayudarle.

Aquí atacamos a su dolor, el gasto, y se lo empeoramos cuando afirmamos que hay meses que gasta más, no sabemos si es el doble, pero nuestro prospecto sentirá que conocemos su situación.

Gasto Mensual, palabras malditas para cualquiera. Afecta a conveniencia y economía, ganancia

Luego la frase puente, con un minuto, eficacia y de nuevo ayudarte

Deseo

Con nuestros servicios de impresión digital puede ahorrar hasta 50% sobre su actual factura de papelería porque se puede imprimir desde un solo sobre.

¡Se acabaron las tiradas largas!

¿Quiere ahorrar Ahora?

Beneficio cuantificado, además mostramos nuestra propuesta única de ventas

Mira que usamos *ahorrar y factura*, ambas apuntan a economía

Terminamos con una pregunta que sabemos dirá

que sí, principio de consistencia.

Acción

Si tiene cinco minutos el próximo miércoles le puedo llamar y vemos como podemos ayudarle
Hablamos el próximo miércoles
Gracias por su tiempo

Aquí le imponemos al prospecto la cita, si llegó a esta línea tiene interés en nuestro producto o servicio y no dudará en atendernos ese día.

E-mail de Valor

Dar información de valor es muy importante para ganarnos al prospecto. Si tenemos una lista de correo, es importante dar información de valor a nuestros prospectos para ganarnos su confianza y posicionarnos como autoridad para que nos contraten o compren.

Si no tienes lista de correos, ¡a crearla ya! , es con diferencia, pero de verdad, la mejor forma de vender.

Según algunos expertos, al octavo e-mail ya habremos conseguido estos objetivos y nuestro prospecto estará listo para comprar.

Yo pienso que depende del nivel en el proceso de compra en que se encuentre el prospecto, si está en las primeras fases de la compra o contratación, en las que lo que busca es información, te llevará más de ocho correos convencerlo, pero en cambio, tú le darás justo lo que busca y serás siempre su primera opción.

Si está en la fase final, ese 20% que ya lo tiene claro y está buscando precio, lo mismo conviertes con el primer e-mail. Por eso es conveniente poner siempre un enlace a nuestra carta de ventas en todos nuestros e-mails, esa debe ser nuestra llamada a la acción. Es como un cierre de prueba, si sale, sale, si no puede provocar objeciones y ya sabemos que las objeciones llevan al cierre de la venta.

Veamos ahora un ejemplo

Asunto: Esta es la solución a tu problema de peso

Hoy te revelaré el secreto para perder peso

Hola, soy Pedro, tu amigo consultor

¿Cómo puede ser posible que muchas personas se levanten a las 8 de la mañana para ir a correr todos los días?

Ya hace dos años pesaba 120 kilos, ahora peso 75, ¿Quieres saber cómo lo conseguí?

Hace dos años mi mujer decidió perder peso y yo me apunté por ir con ella, lo hice por amor.

¿Quieres perder peso?

El hacer la dieta juntos y el salir a andar primero y a correr después juntos nos motivaba y nos ayudaba a perseverar.

Pero sabes lo mejor, a los 21 días adquirimos los dos hábitos, el de la dieta y el de hacer deporte.

A los 21 días ya no pasábamos hambre y teníamos ganas de hacer deporte.

Y este es el gran secreto, si durante 21 días hacemos una cosa adquirimos ese hábito.

Si esos 21 días los compartimos con alguien se nos

hacen más llevaderos.

Busca a alguien que te ayude a cumplir esos 21 días

Espero que estos valiosos consejos te sean útiles.

¿Quieres perder peso ya?

Ahora si quieres saber exactamente qué hacer esos 21 días, qué comer y qué ejercicio seguir, lee ahora mi propuesta.

¿Quieres saber cómo puedo ayudarte?

>>> Ver propuesta Ahora <<<

Nos vemos en la propuesta

Tu amigo

Pedro

PD. El en próximo e-mail te comentaré los 5 alimentos que no debes ni mirar pues engorda solo olerlos

Ahora vamos a analizar este email, pero antes, hazlo tú, tomate un momento y trata de ver todo lo que hicimos en el texto

Veamos la estructura AIDA

Atención

Asunto: Esta es la solución a tu problema de peso

Hoy te revelaré el secreto para perder peso

Hola, soy Pedro, tu amigo consultor
¿cómo puede ser posible que muchas personas se levanten a las 8 de la mañana para ir a correr todos los días?

Vemos que usos, *solución, peso, secreto, amigo* para llamar la atención y mostrarme como alguien accesible, además me posiciono como experto, conozco el secreto y te lo voy a revelar, porque soy tu amigo.

Mira la pregunta final, es para generar interés El efecto Zeigarnick, pues no respondemos a esta cuestión hasta después de la historia

Interés

Ya hace dos años pesaba 120 kilos, ahora peso 75, ¿Quieres saber cómo lo conseguí?
Hace dos años mi mujer decidió perder peso y yo me apunté por ir con ella, lo hice por amor
¿Quieres perder peso?

Aquí le cuento mi problema, que es el suyo, así sabe que yo pasé por lo mismo que él, que lo entiendo, así logro empatizar con el prospecto

Además le meto dos preguntas que sé responderá que sí, principio de consistencia

Deseo

El hacer la dieta juntos y el salir a andar primero y a correr después juntos nos motivaba y nos ayudaba a perseverar.

Pero sabes lo mejor, a los 21 días adquirimos los dos hábitos, el de la dieta y el de hacer deporte.

A los 21 días ya no pasábamos hambre y teníamos ganas de hacer deporte.

Y este es el gran secreto, si durante 21 días hacemos una cosa adquirimos ese hábito.

Si esos 21 días los compartimos con alguien se nos hacen más llevaderos.

Busca a alguien que te ayude a cumplir esos 21 días

Espero que estos valiosos consejos te sean útiles

Aquí le damos la solución a la pregunta del efecto Zeigarnick del principio y generamos deseo, que es la forma de perder peso.

Además, recalco los 21 días, eficacia y si te fijas en la última frase, le digo que le he dado información valiosa, en este caso sí use un adjetivo *valiosos*, pero es imprescindible. Con ello apelamos a la reciprocidad y a la afinidad.

Acción

¿Quieres perder peso ya?

Ahora si quieres saber exactamente qué hacer esos 21 días, qué comer y qué ejercicio seguir, lee ahora mi propuesta

¿Quieres saber cómo puedo ayudarte?

>>> Ver propuesta Ahora <<<

Nos vemos en la propuesta

Tu amigo

Pedro

PD. El en próximo e-mail te comentaré los 5 alimentos que no debes ni mirar pues engorda solo olerlos

Aquí de nuevo hacemos dos preguntas que sabemos responderá sí, principio de consistencia y de paso llamamos la atención

Usamos *ahora* y *21 días*, apelamos a la eficacia

En la pregunta ponemos *ayudarte,* esta palabra y *amigo* no deben faltar en este tipo de email

Usamos *>>* y *<<* con flechas guíanos a nuestros prospecto a dónde debe pinchar y de nuevo usamos *Ahora,* en el copy del botón, es una orden dada por una persona con autoridad

Damos por hecho que pinchará, principio de autoridad

Nos vemos en la propuesta

Vemos ahora el PD, con él tratamos de despertar el interés para el próximo e-mail, de nuevo el efecto Zeigarnick

Email de venta o carta de venta

Solo con esto podríamos hacer otro libro, como con el e-mail marketing, además ya lo vimos antes, usaremos ese ejemplo cambiando la llamada a la acción y añadiendo un PD.

Este esquema se puede usar tanto para vender por e-mail como para hacer nuestra carta de ventas en una página web.

Si estás cansado de probar métodos para adelgazar esto te interesa

Nuevo método para perder fácil 4 kilos en 15 días por menos de 60 euros sin pasar hambre.

Si es más fácil saltarte que rodearte esta es la solución

He conseguido que más de 200 personas pierdan 25 kilos de peso en tan solo 6 meses con mi método ¿Quieres saber cómo?

Cansado de ser el gordo del bloque, el gordo del trabajo.
Cansado de que las chicas te miren con desagrado
Cansado de que te digan que eres muy buena persona

Llevas años siendo el más gordo de donde vas y todos te señalan

Has probado muchos trucos para adelgazar y no te han dado resultado
Ya piensas que no tienes solución y no hay remedio, estás pensando seriamente en usar la cirugía para resolver tu problema.

Entonces te puede ser interesante dedicar un minuto para saber cómo te podemos ayudar

Imaginas que estás como siempre soñaste, te ve esa chica que tanto te gusta y que dice que eres muy buena persona... Podría ser tu novia

Con mi método conseguirás perder 25 kg en 6 meses para que nadie más te señale y puedas conseguir pareja.

¿No te lo crees?, ¿Piensas que no funcionará contigo?

Esto es lo que opina Benito de Madrid

Yo me consideraba un caso perdido, pensé que moriría gordo y gracias a este método perdí 25 kilogramos y conocí a mi mujer

Seguro piensas que este método es caro, pues sí, les una inversión alta, está valorado en 1000 euros,

Piensa que contiene

- *2 horas de vídeo*
- *Soporte completo en PDF*
- *Recetas para comer de todo sin engordar*
- *Ejercicios que te harán perder peso sin cansarte*

Pero como quiero ayudarte y solo por hoy lo puedes adquirir por 99 euros

Además, ahora junto a este entrenamiento también obtienes

Bonus

Frutas quemagrasas, conoce las frutas con las que perderás peso en cada bocado
Este bonus está valorado en 10 euros

Suma ahora 1000 euros método + 10 ebook= 1.010 euros

100% de seguridad. Tienes una garantía de 30 días de devolución sin preguntas, ¡Nadie hace eso! Y yo te la doy porque esto seguro de que te encantará mi producto.

Aprovecha esta ocasión, solo por hoy por 99 euros, pincha el enlace ya

>>> Sí lo quiero YA <<<

Nos vemos en la zona de miembros
Gracias por tu tiempo

PD: ¿Te parece caro mi producto?, Sí, sé que te puede resultar una inversión cuantiosa, pero piensa que más de 200 personas han conseguido perder peso así, piensa que podrás lucir como siempre soñaste.

Eres valiente, quieres cambiar tu situación, por eso estas aquí.

>> *Voy a cambiar YA* <<<

En realidad este texto ya está explicado casi todo, si tienes alguna duda vuelve atrás y léelo de nuevo

En la llamada a la acción aplicamos el principio de contraste y pusimos algunos beneficios.

Luego hemos añadido un bonus, un regalo, para así aumentar el valor de nuestra propuesta y es una sorpresa que no espera

La garantía de 30 días, apela a la seguridad, solo con eso debes vender

Al final le pusimos un PD, si llega ahí sin haber pinchado el botón, es nuestra última oportunidad de cerrar.

En este caso ataco dos objeciones, que suelen ser las más comunes, el precio y este producto no es para mí

Empiezo con una pregunta, que va a responder que sí, luego le doy la razón , fíjate que uso el termino *inversión* en vez de *compra*, inversión implica retorno de beneficios y compra no y le muestro una prueba social, más de 200 personas, con ello me vuelvo a rea-firmar como autoridad y muestro que mi método vale. Luego le hago maginar los beneficios y para terminar recurro al elogio para volver a poner el botón de compra.

Podríamos recurrir al miedo, es muy efectivo.

¿No querrás seguir siendo el gordo del barrio?

Y podríamos poner nuestra garantía, que no la ofrece nadie, es una propuesta única

*100% libre de riesgo con nuestra garantía de devolución de 30 días sin pregunta*s

El PD quedaría así

PD: ¿Te parece caro mi producto?, Sí, sé que te puede resultar una inversión cuantiosa, pero piensa que más de 200 personas han conseguido perder peso así, piensa que podrás lucir como siempre soñaste.

Además 100% libre de riesgo con nuestra garantía de devolución de 30 días sin preguntas

Eres valiente, quieres cambiar tu situación, por eso estas aquí.

¿No querrás seguir siendo el gordo del barrio?

>> Voy a cambiar YA <<<

Ya tenemos un email de venta o una carta de ventas pequeña para nuestra página web.

Con esto tenemos los principios básicos de copywriting, y algunos ejemplos de como aplicarlos, ahora a escribir.

Índice